EINHORN

Malbuch

© Nora Milles, 1. Auflage 2023
Kontakt: Piok & Dobslaw GbR, Alte Str. 3, 56072 Koblenz
Gesellschafter: Anna Piok + Tatjana Dobslaw
Email: onlybooks@gmx.de
Covergestaltung/Buchsatz/Layout :Tatjana Dobslaw
Marketing: Anna Piok
Fotos/Vektoren/Illustrationen im Buch: Lizenzen gekauft bei Depositphotos.com, midjourney.com redaktionell bearbeitet
Schrift/Elemente: free elements by canva.com
Druck und Distribution im Auftrag :
tradition GmbH, Heinz-Beusen-Stieg 5, 22926 Ahrensburg, Germany

ISBN Taschenbuch: 978-3-384-06262-8

Zeitfracht Medien GmbH
Ferdinand-Jühlke-Straße 7
99095 Erfurt, Deutschland
produktsicherheit@kolibri360.de